Inhalt

Der Euro - wie wichtig ist eine stabile Währung überhaupt für die Finanzwirtschaft?

Kernthesen

Beitrag

Fallbeispiele

Weiterführende Literatur

Impressum

Der Euro - wie wichtig ist eine stabile Währung überhaupt für die Finanzwirtschaft?

G. Dengl

Kernthesen

- Die Griechenland-Krise zeigt ganz deutliche Schwächen in der Konstruktion der Euro-Währungsunion auf. Es fand keine Koordination der Wirtschaftspolitiken der einzelnen Länder statt, und es gibt keine Handhabe gegen Schuldensünder.
- Die aktuelle Darstellung in der Presse konzentriert sich relativ einseitig auf mögliche negative Folgen, sollte Griechenland nicht gerettet werden. Dabei

ist unter Fachleuten völlig unklar, ob die negativen oder positiven Effekte eines Staatsbankrotts überwiegen würden.
- Der Finanzsektor, allen voran die Anbieter von Credit Default Swaps, profitiert bereits jetzt von der allgemeinen Angst. Doch auch mittelfristig ist ein fallender Euro weder für die deutsche Wirtschaft noch für die Staatsfinanzen eindeutig als schlecht einzustufen.

Beitrag

Konstruktionsfehler der Währungsunion

Als der Euro 1998 als Buchgeld und 2002 als Bargeld das Projekt "Währungsunion" zu einem vorläufigen Abschluss brachte, gab es bereits viele kompetente Stimmen, die vor "Konstruktionsfehlern" der Währungsunion warnten. Die politisch gewollte Währungsunion stieß ausgerechnet bei Ökonomen auf wenig Gegenliebe. Viele bemängelten damals bereits, dass der Maastrichter Vertrag dilettantisch ausgearbeitet war, und zu viel Spielraum in verschiedene Richtungen bot. Im Einzelnen:

- Obwohl bekannt war, dass die Länder, die dem Euro beitreten würden, ganz unterschiedliche Konjunkturzyklen hatten, wurde kein Mechanismus bereitgestellt, mit dem darauf reagiert werden konnte.
- Man hat zwar eine Währungsunion beschlossen, aber darauf verzichtet, dass die Mitgliedsländer auch ihre Fiskalpolitik aufeinander abstimmen. So konnte jedes Land, soviel oder so wenig Schulden machen, wie es wollte, und so viel oder so wenig Steuern erheben, wie es wollte.
- Der Wachstums- und Stabilitätspakt ist eine gegenseitige Absichtserklärung geblieben, ohne dass die Möglichkeit besteht, einen Verstoß gegen die Konvergenzkriterien effektiv zu ahnden.
- Auch für den Fall eines drohenden Staatsbankrotts, wie im Fall von Griechenland, gibt es weder eine Handhabe noch ein geregeltes Verfahren zur Abwicklung.

Gerade durch das Fehlen von automatischen Strafen, sowie durch die implizite Erwartung aller, dass kein Euro-Land fallengelassen wird, wenn es in wirtschaftlicher Not ist, werden falsche Anreize gesetzt. Die Konstruktion verleitet Länder dazu, über die Verhältnisse zu leben, solange es eben gut geht.
(2)

Muss Griechenland gerettet werden?

Fakt ist, das keiner weiß, was passieren wird, wenn Griechenland nicht gerettet wird. Das weitreichendste Horrorszenario sieht in etwa so aus: Wenn Griechenland zahlungsunfähig wird, dann werden einige Gläubiger ihr Geld nicht mehr zurückerhalten. Für deutsche Banken beläuft sich diese Summe auf etwas über 30 Milliarden Euro - eigentlich Peanuts im Vergleich zu dem, was bisher für die Rettung der HRE, der Commerzbank und der Landesbanken im Rahmen des SoFFin ausgegeben oder zumindest bereitgestellt wurde. Allein durch diesen Zusammenbruch wäre der zu erwartende Schaden am Euro noch verhältnismäßig gering. Das eigentliche Problem besteht vielmehr darin, dass einige andere Länder, die gerade selbst in einer schlechte Liquiditätsverfassung sind (z. B. Italien, Spanien, Portugal) so stark unter einem griechischen Zusammenbruch leiden würden, dass sie unter Umständen selbst umkippen. Dieser "Domino"-Effekt wäre auch durch wirtschaftlich starke Volkswirtschaften wie Deutschland und Frankreich nicht mehr aufzufangen. Das Vertrauen in den Euro würde ins bodenlose stürzen.
Ob dieses Szenario jedoch tatsächlich realistisch ist oder es lediglich von Medien, Politik und Spekulanten

aufgebauscht wird, kann heute noch keiner sagen. (1)

Was passiert, wenn der Euro das Vertrauen verliert?

Selbst wenn das Vertrauen in den Euro stark sinken sollte, ist nicht sicher, welche Folgen dies haben würde. Auf der einen Seite würde der Euro wahrscheinlich an Wert verlieren. Die Folgen wären:
1) Ein Wertverlust des Euros bewirkt innerhalb der Euro-Zone selbst zunächst überhaupt nichts. Schulden die jedoch in Euro notiert sind, verlieren aber dadurch an Wert. Die Euroländer können sie so schneller zurückzahlen; die Leidtragenden sind dann die Gläubiger.
2) Exporte aus der Euro-Zone werden günstiger. Dies könnte die Wirtschaft innerhalb der Euro-Zone ankurbeln. Also nicht gerade ein negativer Effekt.
3) Anlagen in Euro verlieren ebenso an Wert, wie Schulden in Euro. Dies betrifft vor allem Rentner und Sparer. Weil es davon in Deutschland besonders viele gibt, ist deshalb die Angst vor einem fallenden Euro recht groß.
4) Wenn der Euro an Vertrauen verliert, dann wird es für die Euro-Länder gleichzeitig immer teurer Kredite aufzunehmen. Dies betrifft auch Deutschland, und würde die Staatsfinanzen stark belasten. Das Geld stünde dann für andere Zwecke nicht mehr zur

Verfügung. (3)

Wie hoch wäre der Wertverlust des Euros?

Der Wertverlust drückt sich in den Wechselkursen zu anderen Währungen aus. Auch hier ist nicht klar, ob sich tatsächlich ein großer Wertverlust materialisieren würde. Der Grund: der Euro ist mittlerweile nach dem US-Dollar die zweitwichtigste Währung der Welt. Man würde also in erster Linie die Kursentwicklung diese beiden Währungen beobachten. Weil aber die US-amerikanische Wirtschaft alles andere als floriert, steht auch der US-Dollar unter einem sinkenden Stern. Fallen beide Leitwährungen annähernd gleichzeitig, dann wird es kaum zu Verwerfungen an den Finanzmärkten kommen. Es gibt so gut wie keine bedeutende Volkswirtschaft, die derzeit nicht mit Problemen, meist aus der Finanzkrise, zu kämpfen hat. Es darf daher stark bezweifelt werden, dass gerade der Euro deutliche Einbußen gegenüber den anderen Währungen hinnehmen muss. (4)

Trends

Preise für CDS auf Griechenland-Anleihen schnellen nach oben

Für clevere Banken stellt die Angst vor einen Zusammenbruch Griechenlands bereits jetzt eine Einnahmemöglichkeit dar. Bei der derzeitigen Stimmungslage lassen sich Credit Default Swaps (CDS) für griechische Staatsschulden zu Top-Preisen auf dem Markt verkaufen. Dabei handelt es sich um eine Art Kreditversicherung, bei der der Versicherer, d.h. die emittierende Bank, dem Sicherungsnehmer, d.h. demjenigen der Griechenland Geld geliehen hat, den Kreditbetrag ersetzt, falls Griechenland nicht zahlen kann. Diese Kreditversicherung kostet eine bestimmte monatliche Gebühr. Was jedoch kaum jemand zu bedenken scheint: jede Bank, die einen derartigen Swap anbietet, glaubt nicht, dass Griechenland letzten Endes ausfallen wird. Sie arbeitet nur mit der Angst. (5)

Spekulationen auf fallenden Euro

Auch mit der Angst eines Wertverlustes des Euro kann man Geld verdienen. Derzeit ist die Nachfrage nach Derivaten, bei denen man Euro zu einem bestimmten zukünftigen Zeitpunkt zu einem bestimmten Wechselkurs in US-Dollar tauschen kann, so hoch wie nie zuvor. Diese Wette geht jedoch nur auf, wenn der Euro im Vergleich zum US-Dollar wirklich an Wert verliert. Verlieren beide Währungen an Wert, dann verdienen zwar die Banken an den Gebühren für das Options-Geschäft, aber man hätte es eigentlich nicht gebraucht. (7)

Fallbeispiele

Die üblichen Verdächtigen

Griechenland steht bei deutschen Banken nur mit etwa 30 Milliarden in der Kreide. Doch diese Kredite wurden nicht von irgendwelchen deutschen Banken vergeben. Es sind genau jene Banken, die auch im Rahmen der Finanzkrise schon durch ein nicht vorhandenes Risikomanagement aufgefallen sind. Allen voran die mittlerweile zwangsverstaatlichte HRE, die fast ein Drittel dieses Betrages hält, dicht gefolgt von Commerzbank, Landesbank Baden-Württemberg (LBBM) und der Bayerischen Landesbank (BayernLB). (6)

Wetten gegen den Euro

Die Zahlen der amerikanischen Commodities Futures

Trading Commission (CFTC) von Anfang Februar zeigen, dass sich Investoren und Spekulanten auf den Devisenmärkten gegen den Euro positioniert haben. Seit Erhebung der Daten hielten noch nie so viele Marktteilnehmer so hohe Positionen gegen den Euro. Spekulationen gegen den Euro mit Hilfe von börsengehandelten Indexfonds haben in diesem Jahr bis zum 5. Februar schon eine Rendite von 4,8 Prozent eingebracht. (8)

Weiterführende Literatur

(1) Späte Genugtuung - Schwächen der Währungsunion
aus Zeitschrift für das gesamte Kreditwesen 05 vom 01.03.2010 Seite 230

(2) Neue Feuerwehr
aus WirtschaftsWoche NR. 009 VOM 01.03.2010 SEITE 040

(3) Die Europäische Währungsunion am Scheideweg
aus Frankfurter Allgemeine Zeitung, 29.01.2010, Nr. 24, S. 12

(4) Professoren haben früh gewarnt
aus Frankfurter Allgemeine Zeitung, 11.02.2010, Nr. 35, S. 11

(5) Hilfe und Strafen für Griechenland

aus Börsen-Zeitung, 04.02.2010, Nummer 23, Seite 17

(6) Deutsche Großbanken verweigern Griechenland den Kredit
aus Spiegel Online, 26.02.2010

(7) Falsches Spiel. Zocken gegen den Euro.
aus WirtschaftsWoche NR. 007 VOM 13.02.2010 SEITE 016

(8) Dämpfer für die Spekulation gegen Athen
aus Frankfurter Allgemeine Zeitung, 11.02.2010, Nr. 35, S. 17

Impressum

Der Euro - wie wichtig ist eine stabile Währung überhaupt für die Finanzwirtschaft?

Bibliografische Information der deutschen Nationalbibliothek

Die Deutsche Nationalbibliothek verzeichnet diese Publikation in der deutschen Nationalbibliografie; detaillierte bibliografische Daten sind im Internet über http://dnb.d-nb.de abrufbar.

ISBN: 978-3-7379-0495-7

© 2015 GBI-Genios Deutsche Wirtschaftsdatenbank GmbH, Freischützstraße 96, 81927 München, www.genios.de

Alle Rechte vorbehalten. Dieses Werk ist einschließlich aller seiner Teile – z.B. Texte, Tabellen und Grafiken - urheberrechtlich geschützt. Jede Verwertung außerhalb der Grenzen des Urheberrechtsgesetzes bedarf der vorherigen Zustimmung des Verlags. Dies gilt insbesondere auch für auszugsweise Nachdrucke, fotomechanische

Vervielfältigungen (Fotokopie/Mikroskopie), Übersetzungen, Auswertungen durch Datenbanken oder ähnliche Einrichtungen und die Einspeicherung und Verarbeitung in elektronischen Systemen.